NÍLSON JOSÉ MACHADO

BICHIONÁRIO

5ª edição

Altamente Recomendável
FNLIJ/95

escritinha

São Paulo, 2020

Copyright do texto © 2010 Nílson José Machado
Copyright das ilustrações © 2010 Dulce Osinski
Copyright © 2019 by Universo dos Livros
Todos os direitos reservados e protegidos pela Lei 9.610 de 19/02/1998.
Nenhuma parte deste livro, sem autorização prévia por escrito da editora, poderá ser reproduzida ou transmitida sejam quais forem os meios empregados: eletrônicos, mecânicos, fotográficos, gravação ou quaisquer outros.

Diretor editorial
Luis Matos

Gerente editorial
Marcia Batista

Assistentes editoriais
Letícia Nakamura e Raquel F. Abranches

Arte
Valdinei Gomes

Revisão
Alexandre Teotônio
Jonas Pinheiro

Editoração eletrônica
Felipe Bonifácio

Digitalização e tratamento de imagens
Marcio Uva

Dados Internacionais de Catalogação na Publicação (CIP)
(Câmara Brasileira do Livro, SP, Brasil)

Machado, Nílson José
  Bichionário/Nílson José Machado;
[ilustrações Dulce Osinski]. – São Paulo:
Escrituras Editora, 2010. 5.ed. – (Escritinha)

ISBN 978-85-7531-378-7

1. Alfabeto – Literatura infantojuvenil
I. Osinski, Dulce. II. Título. III. Série.

10-08905   CDD-028.5

Índices para catálogo sistemático:
1. Alfabeto: Literatura infantil 028.5
2. Alfabeto: Literatura infantojuvenil 028.5

De A até Z

Os bichos vão desfilar

Junto com
O **abecedário:**

Eis o seu
Bichionário!

Aranha

Lutam a mosca
E a Aranha
Quem ganha?

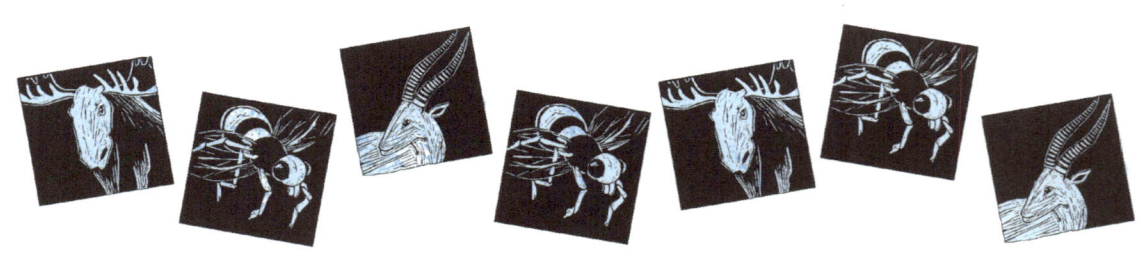

 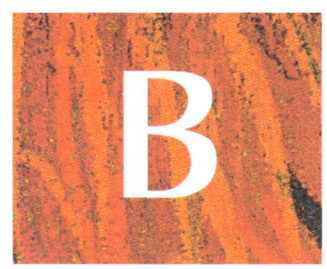

Bem-te-vi

Eu bem que me escondi
Mas o bichinho mal me viu,
Foi logo cantando forte:
Bem-te-vi! Bem-te-vi!

 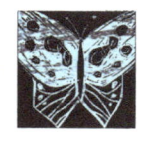   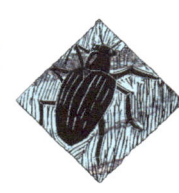 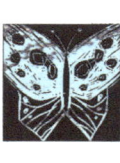 

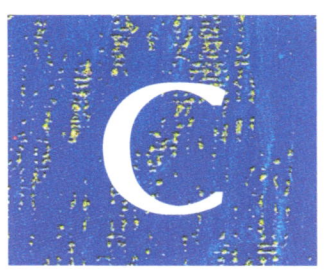

Coruja

Vi uma Coruja
De olhos bem grandes
Não fuja, Coruja!

Dinossauro

Dinossauro vivaldino!
Não existe e vive em cena
Nos programas da TV
Ou nos filmes do cinema!

Elefante

O Elefante
Todo elegante
Não quis brincar,
Foi namorar.

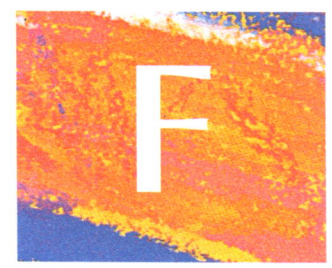

Formiga

Disse a formiga
A sua amiga:
É doce a vida!

Girafa

A Girafa elegante
Usa gravata-borboleta
Ou uma gravata gigante?

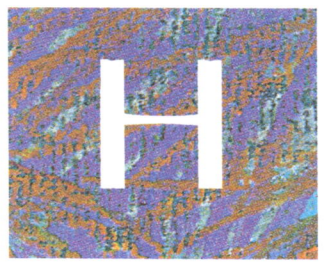

Hipopótamo

O Hipopótamo poeta
Confessou à borboleta:
Pois é, te amo...

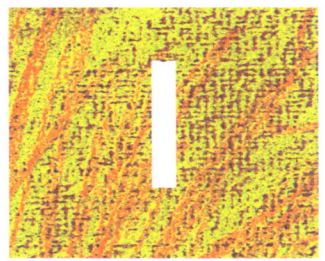

Íbis

Com o bico fino
Como suas pernas
A Íbis é bela!

Jabuti

Dona Jabota
Toda cocota
Perguntou ao Jabuti:
Quer uma fruta?

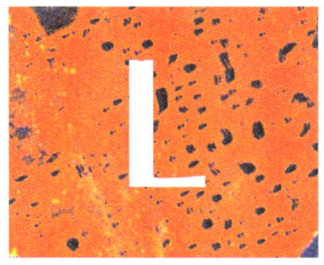

Leão

Dona Leoa
Disse ao Leão:
Você é um gatão!

Morcego

No escuro, o Morcego
Bateu o ouvido na parede
E ficou cego...

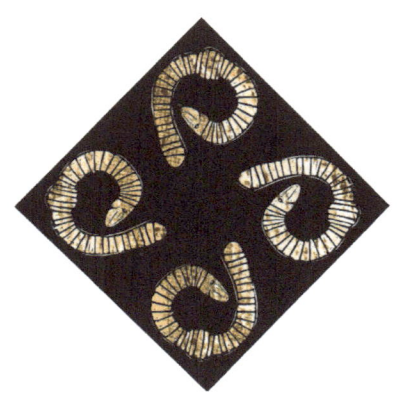

Naja

Se a Naja
Ficar brava,
Não reaja!

Onça

Quem pensa
Que a Onça
É mansa
Dança!

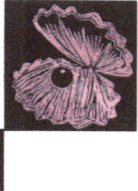

Porco-espinho

O Porco-espinho
Abraçou o amigo
Devagarinho...

Quati

Quati por aqui
Quase não se vê.
Amigo Quati,
Onde está você?

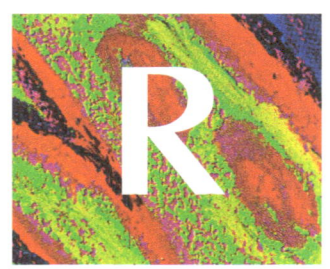

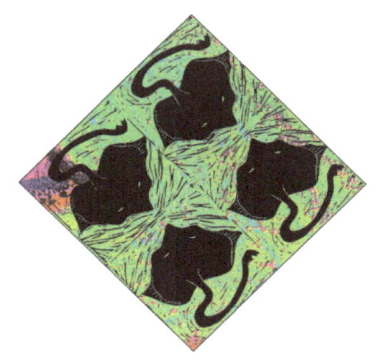

Rã

Eu pulo mais alto
Que o sapo ou a bola!
Disse a Rã ranzinza
Com jeito gabola.

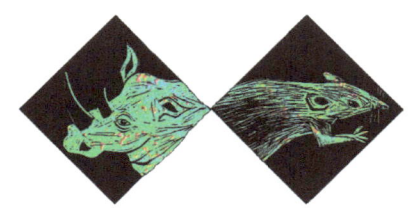

Sapo

O Sapo Expedito
Sapecou a língua
Em um mosquito!

Tatu

O Tatu Tutano
Construiu uma bela casa
Todinha de cano...

Urubu

O Urubu
Do pescoço para cima
Parece um peru...

Veado

Veado vadio
Sem ocupação
É presa fácil
Para o leão.

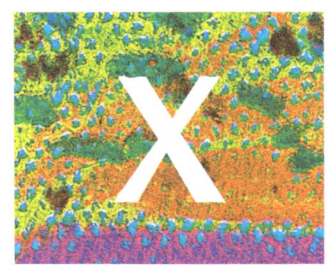

Xuê-guaçu

Xuê-guaçu
É um nome engraçado
Do Sapo-cururu.

Zebra

Todo mundo dizia
Que o time de Dona Zebra
Ganharia
Mas ele perdeu de zero!
Zebra!...

NÍLSON JOSÉ MACHADO

Nasceu em Olinda/PE, mas vive em São Paulo/SP desde os 16 anos. Com vocação e alegria, é professor em tempo integral e escritor nas horas vagas. Lecionou em todos os graus do ensino, inclusive no Instituto de Matemática e Estatística da USP, entre 1972 e 1981. Desde 1984, leciona na Faculdade de Educação da USP, em cursos de formação de professores.

Escreveu vários livros, frutos de seu trabalho acadêmico, entre os quais se encontram alguns paradidáticos para crianças a partir de 5 anos. Tem cinco filhos (Aline, Danilo, Gustavo, Diego e Lucas), quatro netos (Juliana, Felipe, Bianca e Mateus). Com Marisa, companheira de todos os pães, cuida de cinco cães muito queridos (Beethoven, Sofia, Fofão, Rex e Mel). Dois de seus filhos dedicam-se aos animais profissionalmente: Aline é veterinária e Danilo administra *pet shop*. Lucas, o filho mais novo, foi o primeiro ilustrador deste *BICHIONÁRIO*.

DULCE OSINSKI

Nasceu em Irati/PR, em 1962. Pintora, desenhista e gravadora formada na Escola de Música e Belas Artes do Paraná, é pós-graduada na Academia de Belas Artes de Cracóvia, na Polônia (1985-1987). Coordenou o curso de Educação Artística da Universidade Federal do Paraná e ilustrou diversos livros de literatura infantil, entre os quais se encontra *O Amigo do Amigo Invisível* (Ed. Braga, PR).

Com diversas premiações em salões de arte, já expôs em galerias nacionais e internacionais, destacando-se, entre outras, as exposições "O Panorama da Arte Atual Brasileira" (MAM, SP/1993) e a "2ª Bienal da Gravura de Amadora", (Portugal, 1990).

Grupo Editorial Universo dos Livros
Avenida Ordem e Progresso, 157 – 8º andar – Conj. 803
CEP: 01141-030– Barra Funda – São Paulo/SP
Telefone/Fax: (11) 3392-3336
www.universodoslivros.com.br
e-mail: editor@universodoslivros.com.br
Siga-nos no Twitter: @univdoslivros

www.ingramcontent.com/pod-product-compliance
Lightning Source LLC
LaVergne TN
LVHW070439070526
838199LV00036B/669